ILIATION INTERNATIONALE

* *

L'Assemblée Générale

du 18 Mars 1910

N° 4 — AVRIL

DELAGRAVE, ÉDITEUR, PARIS

1910

CONCILIATION INTERNATIONALE

EXTRAIT DES STATUTS

L'Association, dite *Conciliation Internationale*, a pour objet de développer la prospérité nationale à la faveur des bonnes relations internationales, et d'organiser ces bonnes relations sur une base permanente et durable.

Elle a son siège :

à Paris, 78 bis, Avenue Henri-Martin (16e).

à Berlin, 40, Ahornallee Westend ;

à New-York, Sub-Station 84.

à Bruxelles : Office central des institutions internationales, 3 bis, rue de la Régence ;

à Londres ;

à Tokyo : Dr Tsunejiro Miyaoka, 1, Kagacho, Kyobashiku, Tokyo ;

à Odessa (Russie) : M. J. Novicow, 8, rue Jouboski ;

à Vienne : M. Alfred H. Fried, 5, Wiederhoferstrasse, Vienne ;

à Rome, à Kristiana, à Buenos-Ayres, à Rio-Janeiro, à St-Pétersbourg, à Constantinople (en formation).

Les principaux moyens d'action par lesquels elle se propose de réaliser son œuvre sont les suivants : Éducation de l'opinion. Développement de l'arbitrage. Rectification des informations tendancieuses. Revue Internationale. Publications, conférences, congrès, auditions, expositions. Diffusion des langues étrangères, Echange de visites internationales entre Parlements, commerçants, étudiants, associations scientifiques, artistiques, ouvrières, professionnelles. Missions et expéditions scientifiques. Fondation de prix et de bourses de voyage. Echange international d'enfants, d'élèves, de professeurs, d'ouvriers. Création, en dehors de tout esprit de parti, d'une *Maison des Étrangers*, centre de relations entre les personnalités d'élite du monde entier.

S'adresser pour tous renseignements, adhésions, etc., *78 bis, Avenue Henri-Martin, Paris* XVIe. — Téléphone 693-61 et 672.88. Télégrammes CONCILIA Paris.

CONCILIATION INTERNATIONALE

L'Assemblée Générale du 18 Mars 1910

N° 4 — AVRIL

DELAGRAVE, ÉDITEUR, PARIS

1910

ASSEMBLÉE GÉNÉRALE

du 18 Mars 1910

* *

L'Assemblée générale annuelle de la Conciliation Internationale a eu lieu le Vendredi 18 Mars 1910, à cinq heures et demie du soir, dans le nouveau local de l'Association, sous la présidence de M. d'Estournelles de Constant. Assistaient à cette réunion : MM. le général Sebert, de l'Institut, A. Pavie, Ansbert Labbé, Esnault-Pelterie, Deutsch (de la Meurthe), Eyre Crow, fonctionnaire du Foreign Office, James Brown Scott, jurisconsulte délégué du Gouvernement des Etats-Unis à la deuxième Conférence de La Haye, Gonzelo de Quesada, ministre plénipotentiaire et représentant de la République de Cuba à Berlin, le Chevalier Pesci, Duguet, Yencesse, Bloch, Buisson, Rais, Jaudon, etc.

Le Président donne lecture des lettres d'excuses qu'il a reçues, notamment de M. Antonio Hunneus, ancien Ministre des Affaires étrangères du Chili, du Professeur W. Fœrster, de Berlin, de MM. les Docteurs Ch. Richet, de l'Institut, Richelot, etc.

Le Président souhaite la bienvenue à M. James Brown Scott. Il rappelle les éminents services de son collègue à la Conférence de La Haye où il siégeait en qualité de jurisconsulte délégué par la République des Etats-Unis, ainsi que ses très dévoués collègues et amis, MM. de Quesada et Eyre Crow. M. d'Estournelles de Constant insiste sur le secours que les représentants de l'Amérique du Nord et du Sud, ainsi que celui de la Grande Bretagne ont prêté à l'œuvre de la Conférence de la Paix, et renouvelle à leurs gouvernements l'hommage de la reconnaissance de tous les partisans de la Justice internationale. Après avoir salué ses amis étrangers que leur qualité officielle ne lui permet pas d'appeler à siéger au bureau, et ceux de ses collègues français qui, présents ou absents, n'ont cessé de fortifier l'action de la Conciliation, il donne la parole à M. James Brown Scott.

ALLOCUTION DE M. SCOTT

M. Scott, immédiatement interrompu par des protestations et des applaudissements, s'excuse spirituellement de parler en français. Les délégués des Etats-Unis de l'Amérique du Nord sont fiers d'avoir collaboré avec ceux de la France et de la Grande-Bretagne au succès de la deuxième Conférence de la Paix. Sans doute la Conférence n'a pu aboutir à faire accepter à l'unanimité des Etats représentés une Convention générale d'arbitrage. Mais c'est à l'unanimité que la Conférence a reconnu le principe de l'arbitrage obligatoire et qu'elle a déclaré que certains différends sont susceptibles de lui être soumis *sans aucune restriction*. Ce principe une fois posé, il sera désormais possible de le mettre en pratique et de l'insérer dans une convention générale qui spécifiera les cas où les Puissances s'obligeront à recourir à l'arbitrage. Le principe de l'arbitrage obligatoire a donc triomphé et l'on sait, du reste, que le succès de l'idée importe par dessus tout autre.

D'ailleurs ce principe n'est-il pas déjà consacré dans une des Conventions de La Haye ? En convenant de ne plus recourir à la force pour le recouvrement des dettes contractuelles, qu'ont donc fait les Puissances si ce n'est réaliser précisément un cas d'arbitrage obligatoire ? Ce que l'unanimité des Etats représentés à la Conférence n'a pu se résoudre à accepter, ce que trente-deux Gouvernements sur quarante-quatre toutefois se déclaraient prêts à adopter, entre déjà dans la pratique. Les Etats-Unis ont négocié vingt-six traités généraux d'arbitrage ; ces traités ont été ratifiés par le Sénat dans l'intervalle qui sépara la clôture de la deuxième Conférence de la Paix de la démission de M. Elihu Root.

Voilà d'incontestables progrès ; mais ils restent insuffisants. Il nous manque une institution permanente, une Cour de justice arbitrale à la fois permanente et formée de juristes toujours prêts à statuer. Sans doute il est possible à deux Etats de soumettre à un Tribunal constitué selon la procédure arrêtée dans les Conférences de La Haye l'interprétation d'une Convention où elles ont participé avec d'autres puissances ; mais la sentence de ce tribunal ne lie dans ce cas, que les parties en cause, au lieu que le jugement rendu par une Cour permanente formée soit par la totalité des Nations, soit même par leur majorité, s'étendrait à tous les Etats.

Les Etats-Unis ont fait l'expérience des institutions de cette nature : chacun des Etats de l'Union déléguait, à l'origine, trois commissaires au tribunal commun chargé de statuer sur leurs conflits. Mais la pratique conduisit à réduire successivement le nombre de ces délégués ; il n'y a plus que neuf sièges aujourd'hui à la Cour Suprême. Cette réforme dont bénéficient les 46 Etats de l'Union américaine, cette institution d'une Cour permanente d'arbitrage, nous voudrions l'étendre aux 44 Etats qui furent représentés à la Conférence de La Haye. Les leçons de notre histoire nous guident dans cette voie. Mais permettez-moi de vous dire aussi que c'est notre sympathie qui nous attache à vos travaux, car tout américain, au fond du cœur, se sent français. *(Vifs applaudissements).*

Le Président remercie M. Scott de son éloquent et intéressant discours. Il n'y a plus de Conférence de La Haye : mais il y a toujours des délégués à l'œuvre. Le jurisconsulte de la délégation américaine vient d'en donner une nouvelle preuve.

LA SITUATION FINANCIÈRE

M. Buisson, trésorier-adjoint, donne lecture du rapport suivant :

CHAPITRE PREMIER

RECETTES

a) Recettes normales :

1° Solde de fin d'exercice 1908............	15.349 50	
2° Subventions et Cotisations.............	2.027 »»	
Total des Recettes normales...........	17.376 50 ci	17.376 50

b) Recettes sur affectation spéciale :

1° Solde de fin d'exercice 1908.............	17.023 55	
2° Solde *réservé* pour affectations spéciales diverses fin 1908........	7.936 15	
3° Subvention Américaine, quatre trimestres en 1909..............	20.608 60	
4° Forfait à l'imprimeur Charier pour la 5e édition de « Pour l'Arbitrage », y compris les frais de distribution.	18.000 »»	
Total des Recettes sur affectation spéciale.....	63.568 30 ci	63.568 30
Total des Recettes (soldes de fin 1908 compris)..................		80.944 80

CHAPITRE II

DÉPENSES

a) **Dépenses normales :**

1° Administration (voir détail ci-après)........	5.678 40	
2° Impressions de Bulletins et frais divers d'imprimerie, d'envois de Bulletins, etc.....	5.531 40	
Total des Dépenses normales.............	11.209 80 ci	11.209 80

b) **Dépenses sur affectation spéciale :**

1° Sur le solde *réservé* fin 1908..............	5.721 15	
2° Sur la subvention américaine de 1909....	8.130 35	
3° Sur les forfaits des éditions de la brochure « Pour l'Arbitrage »...	18.319 60	
Total des Dépenses sur affectation spéciale....	32.171 10 ci	32.171 10
Total des Dépenses..........		43.380 90
Solde en Caisse (conforme au compte de M. Albert Kahn, trésorier).		37.563 90
Total égal aux recettes....		80.944 80

Ce rapport et les comptes sont approuvés.

L'Assemblée donne mandat à M. Buisson, trésorier-adjoint, ou à son délégué, d'encaisser les subventions accordées à la Conciliation.

Le Secrétaire général donne lecture du rapport suivant :

Messieurs,

L'an dernier nos Secrétariats Généraux fonctionnaient déjà en Allemagne et en Belgique. Votre Bureau préparait ceux de l'Europe Centrale et du Japon.

Ces derniers sont venus, au cours de l'exercice, s'ajouter aux deux autres. Au 31 Décembre dernier la Conciliation Internationale avait donc quatre Secrétariats Généraux en activité à l'étranger. C'étaient ceux d'Allemagne : titulaire, M. le Professeur W. Fœrster, à Berlin ; de Belgique : titulaire, M. H. La Fontaine, à Bruxelles ; de l'Europe Centrale : titulaire, M. Alfred H. Fried, à Vienne ; et du Japon : titulaire, M. Miyaoka, à Tokio.

Pour l'avant dernier exercice M. le Professeur W. Fœrster est venu en personne faire un rapport verbal du plus haut intérêt à l'Assemblée Générale du 24 Mars 1909. Son activité s'est exercée plus que jamais cette année, notamment au moment de la Conférence faite à Berlin par le Président de la Conciliation Internationale, le 28 Avril 1909. Il en a traduit le texte en Allemand et l'a fait imprimer et répandre largement en Allemagne.

M. Fœrster s'est consacré également au succès du Congrès International d'Education Morale, et à l'étude des questions intéressant la conscience des Etats.

De son côté, M. H. La Fontaine, secrétaire général pour la Belgique, nous a demandé pour les distribuer de nombreuses brochures qui lui ont été envoyées. Il prépare, pour cette année, l'Exposition de la Conciliation à Bruxelles. Il a publié, d'accord avec M. Fried, le très important ouvrage intitulé *Annuaire de la Vie Internationale*, répertoire des nombreuses institutions et résumé des initiatives tendant à l'organisation de la Paix. Cette publication, paraissant avec l'autorité de l'Institut de Bibliographie de Bruxelles, avec le concours de l'Institut International de la Paix de Monaco, est appelée à rendre de grands services ; elle atteste de très grands progrès et fait le plus grand honneur à nos deux Secrétaires Généraux de Bruxelles et de Vienne, ainsi qu'à leur distingué et dévoué collaborateur M. Paul Otlet. Il est juste de rappeler que cet Annuaire avait été fondé en 1905 par M. Alfred H. Fried. Il a paru également en 1906 et en 1907. Le volume de 1908 et 1909 en est le développement.

M. Alfred H. Fried, Secrétaire Général pour l'Europe Centrale a continué ses actives traductions et la diffusion d'articles, d'études ou de brochures de propagande, ainsi que l'envoi à notre Président, d'une nombreuse correspondance. Jamais il n'a manqué une occasion de servir notre cause tant par son excellente Revue hebdomadaire *dié Friedenswarte*, que par ses articles et ses livres, par son action individuelle et par ses voyages à Berlin (en attendant son voyage à Paris), sa propagande en faveur d'un Bureau Paneuropéen, sans oublier sa collaboration à l'*Annuaire de la Vie Internationale* dont il vient d'être parlé.

Nommé plus récemment que ses collègues, M. Miyaoka, secrétaire général pour le Japon, a néanmoins adressé à la Conciliation Internationale des communications intéressantes, notamment un substantiel rapport sur la fondation des Sociétés pour la Paix de Tokio et de Kioto, résumant un discours du plus haut intérêt du Président de ces Sociétés le Comte Okuma. Ce rapport sera traduit en Français, publié et répandu, sous la forme d'un de nos bulletins de 1910.

Une correspondance active avec la Branche Américaine de la Conciliation Internationale, a été échangée entre son Président, M. le Président N. Murray Butler et M. d'Estournelles de Constant, notre Président.

La série des publications de la Conciliation Américaine s'est poursuivie, non moins intéressante que les années précédentes ; nous les avons fait distribuer à nos membres.

Le Président N. M. Butler doit venir en France cet été ; la Conciliation se promet d'organiser une manifestation en son honneur ; comme elle compte en organiser deux autres, d'accord avec le Groupe Parlementaire de l'Arbitrage, pour recevoir M. le Président Roosevelt et M. Elihu Root.

Conformément à un vœu exprimé par l'Assemblée Générale du 24 Mars 1909, la publication des Bulletins de la Conciliation Internationale a été mensuelle cette année. Dans leur ensemble les 12 Bulletins de 1909 dont le dernier doit bientôt paraître, condensent une documentation considérable sur les questions touchant le Programme de la Conciliation, et sur l'Aviation. Ils forment la matière de 5 volumes in-18 et constituent un effort matériel important, excessif peut-être, de notre organisation. La question se pose toutefois de savoir, si, au point de vue de la diffusion, de la vente et de la manipulation, il ne serait pas préférable de publier des bulletins moins nombreux et plus gros. L'expérience des bulletins mensuels se poursuivra jusqu'à la fin de 1910.

Comme dans le passé, notre Société a secondé de ses sympathies les Sociétés d'échange international des enfants, de placement des jeunes gens aux colonies et à l'étranger, d'échanges de correspondances, etc. qui se rattachent par leur objet précis et pratique à l'œuvre que nous poursuivons nous-mêmes et éclairent ou instruisent l'opinion.

I. - L'ACTION DE LA CONCILIATION

LES CAS DE CONSCIENCE

Le Président rappelle brièvement l'activité particulière des diverses sections de la Conciliation internationale. Sa correspondance avec M. le Professeur Fœrster, et sa collaboration avec diverses associations internationales d'ordre éthique ou politique n'est pas sans poser de véritables cas de conscience. C'est ainsi que la Conciliation a été amenée à préciser les motifs de sa réserve lors de a protestation qui suiv t, dans plusieurs pays, la condamnation de Ferrer, ou lorsque certains scrupules se manifestèrent au-delà de l'Atlantique touchant l'organisation d'un bureau paneuropéen ou encore quand le Président s'est rendu à l'invitation du Parlement Russe, sans aller en Finlande et à Varsovie [1].

NOUVEAUX CONCOURS

Le Président rappelle à l'Assemblée les subventions que le Conseil Général de la Seine, le Conseil Municipal de Paris et celui de Lyon, la Chambre de Commerce de Paris accordent fidèlement à l'Asso-

(1) Voir notre bulletin de Mars 1910.

ciation. De nouveaux membres d'honneur comme MM. Efremoff, membre de la Douma, Khomiakoff, président de la Douma, Korwin-Milewsky, membre du Conseil de l'Empire, le prince Lvoff, Stakhovitch, Yermoloff, ancien ministre de l'agriculture, du comte Okuma, de Tokio, de M. Ginn, de Boston, ajouteront à son autorité à l'étranger. Mais elle n'est pas moins soucieuse de s'assurer des concours plus modestes.

M. S. Bloch qui assiste à notre réunion est un des souscripteurs de la Conciliation de la première heure. Mais il ne s'est pas contenté d'apporter son obole à l'œuvre, il a fait autour de lui une active propagande, distribuant nos brochures ou, pour assurer l'efficacité de cette diffusion, les prêtant seulement pour un temps déterminé et en pressant ainsi la lecture.

M. S. Bloch a compris aussi que, quel que soit le montant de la contribution pécuniaire à une œuvre, cette contribution resserre le lien entre l'œuvre et l'adhérent. Les lecteurs de M. Bloch ont été, par son intermédiaire, des adhérents actifs quoiqu'au moyen de faibles contributions. A diverses reprises il nous a adressé des sommes produites par des souscriptions variant de 0.25 à 1 fr. et groupant dans une même liste les membres du personnel d'une grande administration (chefs de service, sous-chefs, employés, auxiliaires) qu'il avait touchés de sa propagande.

C'est en reconnaissance de ses services à la

cause de la Conciliation que le Président propose de lui décerner la Médaille de la Conciliation. (*Adopté à l'unanimité*).

L'ECOLE DE LA PAIX

M. J.-B. Scott entretient l'Assemblée du projet de M. Ginn, l'un des membres d'honneur de la Conciliation qui se propose de fonder aux Etats-Unis une *Ecole de la Paix*, ainsi que de la propagande entreprise au moyen de publications méthodiques par ce généreux éditeur.

Le Président signale à ses amis l'intérêt qu'il y aurait à répandre en France les travaux des Américains et à faire traduire plus largement en Amérique les études publiées en Europe. M. Scott communique un vœu à ce sujet. Il est entendu que la Conciliation se tiendra en communauté d'action avec l'Ecole Américaine de la Paix.

La Conciliation mettra à la disposition d'une Ecole Française de la Paix et de son fondateur M. Horace Thivet le plus possible de ses documents.

LES CONGRÈS INTERNATIONAUX

Représentée au Congrès de l'Education Morale à Londres, en 1908, la Conciliation s'est associée, d'accord avec son Président d'Honneur M. Léon Bourgeois et M. Ferdinand Buisson, député, à l'organisation du second Congrès qui aura lieu en

1912. Elle participera également au Congrès des Races qui sera tenu à Londres en 1911, congrès organisé par le très dévoué M. Spiller et auquel s'intéressent tous nos amis, notamment MM. Léon Bourgeois, Lord Avebury, le Professeur Fœrster, etc.

L'AVIATION

M. Deutsch (de la Meurthe) remercie M. d'Estournelles de Constant des services qu'il a rendus à la cause de l'Aviation, tant en qualité de président du groupe de l'aviation au Sénat que de président de la Conciliation internationale.(1) Nul ne méconnaît aujourd'hui que les progrès de la locomotion aérienne doivent puissamment contribuer à améliorer les relations internationales mais il importait grandement de saisir et de montrer à tous ce lien entre deux actions différentes. Il rend compte à l'Assemblée des travaux de la Commission qui vient d'adopter un projet de règlement international en matière d'aviation. Ce règlement élaboré, grâce à l'initiative du Ministère des travaux publics en France, sera prochainement soumis à un Congrès international. C'est un nouveau progrès de la communauté des nations.

Le Président rappelle les généreuses initiatives de M. Deutsch (de la Meurthe), sa foi et son activité de précurseur, comme les rares qualités et

(1) Voir dans la collection des Bulletins de la Conciliation Internationale : POUR L'AVIATION, Mars 1909. — L'AVIATION TRIOMPHANTE, Novembre 1909.

la générosité qu'il a consacrées au développement de l'aviation en France. (*Applaudissements*).

Le Président résume l'action du Groupe de l'Aviation qu'il a constitué au Sénat où il compte plus des deux tiers des membres de la Haute Assemblée et contribue indirectement à favoriser la Conciliation.

POUR L'ARBITRAGE

La diffusion du discours de M. Andrew Carnegie, l'un de nos présidents d'honneur, se poursuit régulièrement, selon l'accord intervenu avec notre éminent président d'honneur. La Conciliation répand en même temps un grand nombre de ses bulletins mensuels (voir plus loin) et de la reproduction de la carte exposée par le ministère des Affaires étrangères à Londres en 1908 sur l'initiative de notre association, d'accord avec le Groupe Parlementaire de l'Arbitrage.

LA FONDATION CARNEGIE

Le Président rend compte de l'organisation de la fondation Carnegie destinée à récompenser en France les actes d'héroïsme civil et dont nos bulletins de l'an dernier ont publié les documents. Il est à souhaiter que cette organisation, encore à ses débuts, donne bientôt les grands résultats moraux qu'on est en droit d'en attendre en France comme ailleurs.

NOS BULLETINS

La dernière Assemblée générale avait émis le vœu de voir la publication de nos bulletins devenir mensuelle. Nous l'avons assurée ainsi, en commençant par l'année 1909. Nos Bulletins de la Conciliation paraissent désormais chaque mois; nous y avons donné tous nos soins, sans marchander le temps, le travail et les sacrifices; nous avons même ajouté à nos bulletins un grand nombre d'illustrations, notamment dans les numéros concernant l'aviation, les visites parlementaires russes et scandinaves. Un de ces volumes à lui seul contient plus de 50 gravures. Une table analytique (voir le sommaire aux Annexes), permettra d'y retrouver les documents français et étrangers que nous y rassemblons, moins pour le public, que pour les hommes politiques et pour ceux de nos amis qui se dévouent à la propagande de nos idées; ils ont besoin d'arguments et de munitions.

Nous avons continué à publier des cartes postales, des graphiques et à les répandre.

Il reste toutefois à examiner, comme on l'a dit plus haut, si la mensualité des bulletins ne nous entraîne pas à des sacrifices disproportionnés avec nos forces : elle impose au Président personnellement un travail considérable, difficile à concilier avec l'ensemble de ses obligations, notamment avec ses voyages et ses absences fréquentes de Paris. En outre, les frais de manipulations, de poste, d'écritures sont les mêmes pour un bulletin de quelques pages que pour un volume ; en sorte qu'ils se multiplient par douze chaque année, sans qu'il soit possible pourtant d'arriver à les publier régulièrement faute de temps. Par économie, on est obligé d'envoyer plusieurs mois à la fois ; dès lors à quoi bon la mensualité ? Mieux vaudraient deux ou trois livres chaque année que douze bulletins dont quelques-uns d'ailleurs sont des volumes. La solution de cette question est ajournée au premier janvier 1911 et laissée à la décision du Bureau.

En raison de l'importance des bulletins publiés pendant l'année écoulée, et des frais considérables qu'ils ont entraînés, il est décidé qu'un sommaire en sera publié et répandu parmi nos amis, afin de mettre à leur disposition, à prix réduit, un certain nombre de collections pour la propagande. Le succès de cet appel devant donner la mesure de ce qu'il conviendra de faire les années suivantes quant aux développements et à la périodicité des bulletins.

Il est également décidé que, comme précédemment, la Conciliation participera à la publication des bulletins du Groupe de l'Arbitrage et qu'elle s'efforcera de faire connaître a l'étranger, par des reproductions et par des bulletins spéciaux, cartes, graphiques, etc., la bonne organisation du groupe français. Cette organisation pouvant servir d'exemple aux diverses sections de l'Union Interparlementaire.

CONFÉRENCES

Notre société n'a pas renoncé à la propagande orale. Le Président de la Conciliation a fait en 1909, à Valence, à Lyon, à Paris et dans plusieurs autres villes de France, des conférences publiques très suivies. Son récent voyage en Russie, n'est autre qu'une tournée de conférences sans nombre pour 1910.

Invité par la Société de Sociologie de Paris à étudier successivement le rôle du Parlementaire et du Diplomate, il y a porté le même souci d'exposer la doctrine qui nous réunit.[1] Il a également exposé le rôle de la femme dans la propagande pour la paix.[2] Il recommande, comme source précieuse d'arguments à développer dans les conférences de la Conciliation, le remarquable réquisitoire de Benjamin Constant contre l'Esprit de conquête, sous ce titre : « Benjamin Constant et la Paix », qui sera réédité dans notre bulletin de février 1910, en ce moment encore sous presse. La Conciliation est devenue, comme on le voit, une véritable entreprise d'éditions intéressantes. C'est un complément très lourd d'une action qu'il faut limiter sous peine de dépasser les ressources et surtout les forces dont nous disposons.

---

(1) Voir les bulletins de Janvier et de Mars 1910.
(2) Voir le bulletin d'Août 1910.

II. - LES CONSÉCRATIONS

*

L'hostilité et les attaques excessives d'une partie de la presse n'avaient pas peu contribué à nous conquérir des sympathies et à consacrer nos premiers progrès. Ces attaques à la longue s'émoussent, elles tendent à diminuer. Le respect de l'opinion publique impose une autre attitude à nos adversaires, elle les réduit au silence sinon à la bienveillance ou à l'impartialité. En revanche, des secours spontanés d'autant plus efficaces nous arrivent ; en France et plus encore à l'étranger, la caricature, ce langage international, fait campagne avec nous pour l'organisation de la paix et surtout contre les excès de la paix armée. Notre bulletin en a publié quelques spécimens. Ne manquons pas d'enregistrer également la rapide diffusion de cette autre langue internationale, la musique, qui tend à s'universaliser et, par suite, à seconder notre action ; c'est un moyen de communication et un trait d'union non moins précieux que les découvertes de la science et les progrès de l'aviation.

LES INONDATIONS DE PARIS

Les inondations du mois de Janvier dernier ont donné au monde entier l'occasion d'affirmer sa sympathie pour la France. Dans ces circonstances, la Conciliation Internationale a, comme elle l'avait fait à plusieurs reprises déjà, servi d'intermédiaire entre nos amis étrangers et les comités qui se sont constitués en France pour venir en aide aux sinistrés. Nous n'avons pas eu à recevoir de fonds ; nous les avons dirigés sur les comités spéciaux constitués à cet effet.

LE HERO-FUND CARNEGIE

Nous venons d'en parler plus haut et notre bulletin d'Août 1909 nous dispense de revenir sur cette généreuse innovation. Bornons-nous pourtant à constater que les relations de notre dévoué président d'honneur avec la Conciliation et son Président ont pu lui faire apprécier quel avait été le rôle de la France, dans ces dernières années, dans le domaine de l'organisation de la Paix et quel terrain bien préparé trouverait chez nous sa généreuse fondation destinée à récompenser le courage civil à l'égal du courage militaire.

LA CONFÉRENCE DE BERLIN

Mais ce n'est pas à l'opinion française seule que notre Association entend faire appel. Invité à se rendre à Berlin, au lendemain de notre dernière Assemblée générale, et à y prendre la parole à la Chambre des Seigneurs, le Président de la Conciliation Internationale a cru de son devoir d'accepter cette mission. Son discours publié à plusieurs reprises en France, et notamment par notre Société [1], a été traduit en allemand d'une part par notre éminent ami M. le Professeur Fœrster [2] et d'autre part sous les soins de M. le Dr Zorn, professeur à l'Université de Bonn, Syndic de la Couronne, membre de la Chambre des Seigneurs [3].

L'ALSACE - LORRAINE

Est-il besoin de rappeler aux membres de la Conciliation Internationale que l'exposé de la doctrine que leur Président fit devant les membres du Parlement d'Allemagne et de Prusse ne démentait en rien le programme que nous avons fait applaudir et ratifier en France comme en Angleterre ? *Pro patria per orbis concordiam* reste notre devise ; et toute notre action s'inspire de ce double souci : « Ni la revanche, ni l'oubli. » Notre doctrine se trouve fortifiée une fois de plus par la vaillante petite revue mensuelle, sœur de nos bulletins, *l'Europe Nouvelle* (nº de Décembre 1908), sous ce titre : « Gambetta et l'Alsace-Lorraine. »

---

(1) Le rapprochement Franco-Allemand, condition de la paix du monde. (Bulletin de la Conciliation Internationale, 1909, nº 6).

(2) Die französich-deutsche Annäherung ..., Berlin 1909.

(3) Deutschland and Frankreich, (avec une préface du Dr Zorn), Berlin 1910.

VISITE DES PARLEMENTAIRES RUSSES & OTTOMANS EN FRANCE
VISITE DES PARLEMENTAIRES FRANÇAIS DANS LES PAYS SCANDINAVES ET EN RUSSIE

La visite des membres de la Douma russe et du Conseil de l'Empire, ainsi que le séjour de nos amis du Parlement ottoman, répondaient à nos vœux, à l'initiative aussi que nous avions prise en les sollicitant de constituer à St-Pétersbourg et à Constantinople des Groupes de l'Arbitrage pareils à celui qui s'est formé au Parlement français en 1902. Le 10e Bulletin de la Conciliation Internationale (1909), rend compte des manifestations qui se sont produites à cette occasion : manifestations indispensables puisque, en même temps qu'elles avertissent l'opinion, elles mettent en présence des hommes politiques qui s'ignorent et qui, dès le lendemain, s'attachent à une œuvre commune. De même la visite des membres du Parlement français en Danemark, en Suède, en Norvège, devait puissamment contribuer à développer notre action [1]. Un cas de conscience s'est posé devant la délégation française quand les membres de l'Union Interparlementaire russe l'ont conviée à Saint-Pétersbourg et à Moscou. Elle l'a résolu comme votre Président l'avait fait en se rendant à Berlin, dans le sens de la Conciliation. Nous avons pensé qu'il fallait, avant tout, opérer la

(1) Voir le Bulletin de Décembre 1909.

jonction entre le jeune Parlement Russe et ses devanciers ; il nous a paru qu'il serait coupable de la laisser dans l'isolement ; nous avons été tendre la main à nos collègues, chez eux ; nous sommes revenus de Russie pénétrés du sentiment que si notre tâche est infinie et que les résultats obtenus resteront toujours au dessous de nos aspirations de justice, nous avons du moins fait œuvre utile en allant fortifier la faible Douma au lieu de l'abandonner sous prétexte qu'elle est aux prises avec toutes les difficultés du début. Nous nous sommes expliqués à fond sur ce sujet dans nos discours de St-Pétersbourg et de Moscou [2], notamment dans celui qui termine notre bulletin de Mars et qui a pour titre : « le cas de conscience. »

CORRESPONDANCE. -- RÉCEPTIONS

Une telle activité ne va pas sans accroître démesurément la correspondance personnelle et les obligations de notre Président. Quelque ingéniosité que nous y mettions, — recourant tantôt à nos propres moyens, tantôt au dévouement et à la bonne organisation éprouvée du Groupe parlementaire de l'arbitrage, si puissamment aujourd'hui constitué, tantôt à la bienveillante hospitalité du Sénat, tantôt à celle de la Chambre, tantôt au concours du gouvernement ou à la collaboration des muni-

(2) Voir le Bulletin de Mars 1910.

cipalités françaises, et, par exemple, de celle de Paris, de Versailles, de Lyon, tantôt aux Chambres de Commerce, parfois, le plus rarement possible à la souscription personnelle de nos membres, ou souvent réduits, faute de mieux, à transformer une manifestation internationale en réception intime et personnelle, ou encore à profiter des réceptions et des conférences si attrayantes du Groupe Sénatorial de l'Aviation, — il faut bien constater que l'exécution de notre programme souffre de ces conditions précaires, et qu'elle impose à votre Président de continuels tours de force. Le Gouvernement anglais a créé un fond de l'hospitalité internationale. C'est un exemple que la France devrait imiter et que le Commerce, conscient de son intérêt, devrait presser le Gouvernement de suivre.

LES CONVENTIONS DE LA HAYE

Les douze Conventions de La Haye viennent d'être soumises par M. le Ministre des Affaires Etrangères au Parlement. Déjà le Livre Jaune et son appendice, avaient, par leurs développements, affirmé combien les travaux de la délégation française correspondaient à la politique de notre Gouvernement. En renvoyant à l'examen des Chambres l'étude des Conventions dont quelques unes ne semblaient pas exiger cette procédure, M. S. Pichon a voulu marquer une fois de plus l'intérêt que la France attache à la cause de la justice internationale. La Commission des affaires étrangères de la Chambre des Députés, présidée par M. Paul Deschanel, a confié la rédaction de son rapport à notre ami M. Vigouroux, l'un des membres les plus dévoués du Comité d'action du Groupe de l'Arbitrage. Ce choix qui témoigne également des succès de notre propagande, a été fort heureux. M. Vigouroux, avec l'autorité qui s'attache à sa fonction, insiste sur les progrès réalisés par la Conférence de La Haye. Il conclut son étude en priant le gouvernement de s'engager « résolument dans la pratique de l'Arbitrage obligatoire, et de faciliter par tous les moyens dont il dispose le règlement pacifique des conflits internationaux ».

LES DÉBATS PARLEMENTAIRES

Le Parlement, d'ailleurs, se préoccupe de plus en plus de ces questions dont son patriotisme s'alarmait encore naguère. Après un beau discours de notre collègue M. de Pressensé, pendant la discussion générale du budget du ministère des affaires étrangères, nos collègues, MM. Paul Meunier et Lucien Le Foyer ont développé deux interpellations, l'une « sur le concours que le Gouvernement français compte apporter à l'œuvre entreprise par les Conférences interparlementaires pour la paix et l'arbitrage entre les peuples », l'autre « sur les solutions que M. le Ministre des Affaires étrangères a données ou compte donner aux questions intéressant la paix internationale posées par la Conférence de La Haye ». M. Pichon a fait applaudir à cette occasion ses déclarations relatives à son désir de conclure des traités d'arbitrage obligatoire et à la subvention que le Gouvernement français allouera désormais à l'Union interparlementaire. Il est intéressant de remarquer que le Bureau de l'Union Interparlementaire vient précisément de publier ces trois discours dans le premier fascicule de la série des *Documents interparlementaires* ; son distingué secrétaire général, M. Christian Lange, que nous avions rêvé de pouvoir nommer, — s'il y avait consenti, — notre secrétaire général pour les pays scandinaves, et qui fut notre collègue à la Conférence de La Haye, a pris l'initiative de cette publication.

Enfin M. de la Batut a fait voter à la Chambre un crédit de 7.000 francs par an que le Sénat a confirmé, sur l'initiative de M. le Ministre des Affaires étrangères et de notre président, pour assurer la réorganisation du Bureau de l'Union interparlementaire à Bruxelles.

C'est à Bruxelles qu'aura lieu cette année la Conférence de l'Union. La Conciliation va profiter de cette circonstance, en même temps que de l'Exposition, pour exposer de nouveaux tableaux auxquels travaillent déjà MM. Ch. Duffart et

Hansen pour mesurer les progrès de l'arbitrage depuis l'exposition de Londres.

LA PAIX PAR LE DROIT & LA REVUE DE LA PAIX

Notons l'heureuse fusion de la « Revue de la Paix » et de la « Paix par le Droit », deux revues excellentes qui réunies seront parfaites et plus fortes. Dirigée par des hommes de première valeur morale et intellectuelle, nous souhaitons à la nouvelle Revue longue vie et prospérité.

LE BULLETIN DES DOCUMENTS PARLEMENTAIRES ÉTRANGERS

En s'associant officiellement et officieusement à tant d'initiatives françaises et étrangères qui tendent à former la « Société des Nations », le Parlement français s'est trouvé conduit à organiser dans ses bureaux une section d'études étrangères. Le service des Parlements étrangers institué à la Chambre des Députés, ouvert aux membres des deux Assemblées, fonctionne depuis trois ans, sous la direction de notre distingué et dévoué secrétaire général, M. Jules Rais. Il réunit et catalogue les travaux des grandes assemblées politiques du monde. Ce sont, en quelque sorte, les archives d'un futur Parlement international. A ces travaux il joint la publication d'un recueil où sont traduits, analysés et accompagnés de notes critiques, les textes les plus importants des projets, des rapports et des lois dont l'étude devient indispensable aux hommes d'Etat de tous les pays. C'est là sinon un des résultats directs de notre propagande, tout au moins une nouvelle consécration de nos efforts, et nous sommes heureux de saisir cette occasion pour féliciter et remercier une fois de plus l'artisan de cette œuvre excellente, M. Jules Rais. (*Applaudissements*).

LE PRIX NOBEL DE LA PAIX

Le Président remercie ses collègues des chaleureux témoignages de sympathie qu'ils lui ont prodigués lorsque le Comité Nobel lui a fait l'honneur de lui décerner le prix de la Paix, concurremment avec M. Beernaert. C'est à leur collaboration, à leur confiance, qu'il doit d'avoir pu mener à bien l'œuvre qu'il a entreprise. Au contraire de tant de manifestations, cette récompense de ses efforts n'arrive pas trop tard. Aussi l'accueille-t-il, aussi la Conciliation l'accueille-t-elle avec lui, beaucoup moins comme une récompense que comme un encouragement et comme un moyen de continuer son œuvre.

ALLOCUTION DE M. DE QUESADA

M. de Quesada tient à exprimer au Président les sentiments avec lesquels tous les hommes d'Etat, tous les penseurs, tous ceux qui défendent la liberté et la justice dans le monde ont salué cette distinction. L'Amérique latine a été particulièrement fière du succès de M. d'Estournelles de Constant parce qu'elle sent en lui un véritable ami.

L'orateur n'a été, pour sa part, soit dans sa patrie, soit au Congrès panaméricain, soit à la Conférence de la paix, il ne sera bientôt au Tribunal de La Haye qu'un des plus modestes ouvriers de l'œuvre à laquelle M. d'Estournelles a attaché son nom. Du moins s'efforça-t-il de faire triompher l'idéal que l'Amérique latine, avec Bolivar, avait déjà revendiqué dans le Congrès de Panama. Cet idéal, Cuba ne l'a jamais trahi. Lorsque l'île dut se soulever et lutter contre l'oppression espagnole, ce n'est pas contre un peuple et ce n'est pas pour l'amour des batailles que les insurgés prirent les armes. Parfois la guerre reste le seul moyen qui conduit à la paix. Elle cesse d'être un crime lorsqu'un peuple n'a plus d'autre recours pour assurer sa sauvegarde ou son indépendance. Cuba, dès que sa liberté fut reconquise, se fit représenter à Washington parce que les Etats-Unis l'avaient aidée sans la soumettre. Notre second poste diplomatique fut établi à Paris : la jeune République reconnaissait ainsi sa dette envers la France. C'est de votre tradition, c'est de vos héros que nous avons tiré les meilleures leçons de patriotisme et de vertu civique. Ni votre race, ni votre langue, ne sont nôtres :

mais en adoptant l'influence française, notre civilisation a subi le plus utile entraînement. A l'*Alliance Française*, à la *Conciliation Internationale* de poursuivre cette tâche d'éducation, d'amour. Sans elles, la gravitation risquerait de lier nos mouvements à ceux d'autres Etats qui nous respecteraient moins. La France qui se donne à l'humanité nous a ouvert le monde. A la Conférence de La Haye c'est avec elle que nous avons servi la paix et la justice : car elle y fut juste elle-même : et sachant quels conflits, quelles violences, quelles révolutions ont secoué le vieux monde, elle a su apprécier les efforts de l'Amérique du Sud lorsqu'elle s'applique à les éviter à son tour. Nous avons de plus en plus, nous aurons désormais de véritables élections, des hommes d'Etat conscients de toutes leurs responsabilités, des constitutions libres et respectées. Fils intellectuels de la France, nous la suivrons toujours du même élan. (*Vifs applaudissements*).

Le Président remercie M. de Quesada de son éloquente improvisation. Tous ses collègues connaissaient les services qu'il a rendus à son pays et à l'œuvre de la justice internationale. Ils ont applaudi l'orateur. Ils n'oublieront pas l'ami.

III. - NOS PROJETS - NOS ÉTUDES

Le Président s'excuse de devoir, en raison de l'heure, abréger la discussion relative aux projets soumis à l'étude de la Conciliation.

LA LIMITATION DES ARMEMENTS

La campagne, — vaine encore et toujours dérisoire, en apparence, — pour la limitation des armements qu'il a portée à la tribune de la Chambre des Députés, puis du Sénat, s'étend peu à peu maintenant à tous les Parlements. Elle a suscité, récemment, des débats aux Etats-Unis, en Angleterre, en Allemagne. Le Président de la section américaine de la Conciliation a tenu lui aussi à y prendre part. Voici la belle lettre qu'il a adressée, à cette occasion, à M. James A. Tawney, membre de la Chambre des Représentants à Washington, et sur laquelle la publication de nos bulletins de 1909 et 1910 nous dispense d'insister [1].

Cher Monsieur Tawnay,

Je tiens à vous remercier de votre courageuse et haute protestation concernant le projet plus qu'absurde de

(1) Cette lettre a été également citée quelques semaines après l'Assemblée générale par le Président, dans son discours du 5 Avril 1910, au Sénat, dans la discussion concernant la mise en chantier de deux cuirassés.

construire aux Etats-Unis la plus grande et la plus puissante marine du Monde. Aujourd'hui où les préoccupations de tous les hommes raisonnables et éclairés dans le Monde tendent de plus en plus au règlement juridique des conflits internationaux et au développement de la Conciliation entre les peuples pour le progrès de leurs relations commerciales, financières et intellectuelles, il est vraiment fou de consacrer les ressources publiques à multiplier les engins de guerre et les moyens de destruction.

Nous avons une marine suffisante pour notre défense et on ne peut songer à en faire un autre usage. De tous côtés nous sommes aux prises avec l'impatience d'obtenir l'amélioration des conditions sociales de la grande masse du peuple, amélioration qui exigera de grandes dépenses ; mais qui, du moins, si nous pouvons y arriver, sera dix fois rémunératrice. Distraire d'une aussi essentielle destination des fonds publics, continuer le jeu usé de préparer la guerre sans se battre, cela semble indigne des représentants d'une démocratie moderne.

J'espère que la Chambre des Représentants se dressera comme un roc contre cette manie d'une grande Marine et portera plutôt son attention sur les lois qui doivent réprimer les privilèges, établir d'une façon durable une justice politique et sociale, ouvrir enfin la voie au bien-être de plus en plus grand et général pour la masse de notre population.

Agréez, etc.

Nicholas Murray BUTLER.

CONFÉRENCE DE LAKE-MOHONK

Le Président de la Conciliation Internationale a été invité à prendre part aux travaux de la prochaine Conférence relative à l'arbitrage international qui aura lieu, comme chaque année, à Lake-Mohonk (Ulster County, New-York), du 18 au 20 Mai 1910. Il espère que l'état peu satisfaisant de sa santé et la multiplicité de ses occupations ne l'empêcheront pas de s'y rendre.

LE SÉJOUR DU PRÉSIDENT ROOSEVELT EN FRANCE

Le Président Roosevelt s'apprête à visiter l'Europe après avoir voyagé en Afrique. Il donnera probablement une Conférence à la Sorbonne. La Conciliation ne pourrait négliger cette occasion de saluer l'éminent homme d'Etat qui a rendu au Tribunal de La Haye et à la deuxième Conférence de La Haye des services incomparables. Son président n'a d'ailleurs jamais cessé d'entretenir avec lui des relations d'amitié et de confiance, et de lui soumettre les questions qui ne peuvent le laisser indifférent.

Communication sera donnée ultérieurement à l'Assemblée, du résumé ou tout au moins de l'esprit de cette correspondance tendant à profiter de ce voyage du Président Roosevelt en Europe, pour hâter la solution des problèmes intéressant la paix générale. Le Bureau organisera, selon l'époque de l'arrivée à Paris du Président et dans la mesure possible, en raison des prochaines élections générales, une manifestation en son honneur.

LE COMITÉ DE RAPPROCHEMENT FRANCO-ALLEMAND

Le Comité de rapprochement franco-allemand qui a organisé avec beaucoup de prudence et de succès la Conférence du Président de la Conciliation à Berlin, a saisi notre Société d'un projet de Conférence à Paris. La personnalité de son auteur qui est un jurisconsulte éminent, les précautions et les garanties dont il convient d'entourer cette manifestation pour assurer son efficacité, nous commandent d'en préparer les conditions avec un soin tout particulier. Le moment n'est pas encore venu de soumettre à l'Assemblée plus de détails à ce sujet ; elle voudra bien s'en rapporter à la circonspection de son bureau.

LA CARTE INTERNATIONALE DU MONDE

MM. Vidal de la Blache et Ch. Lallemand, membres de notre Comité de direction, ont participé aux travaux du Comité international qui a arrêté les principes devant servir à l'établissement de la carte du monde à l'échelle du millionième. Notre association se joindra aux corps savants pour obtenir le concours du Gouvernement et du Parlement à cette entreprise.

En général, nous ne manquerons aucune occasion pour insister auprès du Parlement et du Gouvernement, afin d'obtenir que des crédits soient accordés aux savants qui préparent la carte de la terre comme celle du ciel et participent ainsi directement à l'organisation du Monde.

VOYAGE AU CANADA

Le Groupe Parlementaire Français de l'Arbitrage auquel se fusionnera bientôt la branche française de l'Union Interparlementaire, étudiera la question de prendre part, après la Conférence de Bruxelles en 1910, à la Conférence qui doit se tenir à Rome en 1911 et au Canada en 1912.

NÉCROLOGIE

Le Président rappelle enfin les deuils qui ont atteint la Conciliation depuis sa dernière Assemblée Générale.

Longue encore est la liste de nos amis disparus :

Le Professeur LOMBROSO

dont le nom restera à jamais attaché à l'histoire sans fin des luttes de la volonté et de la conscience humaines contre l'ignorance.

BJÖRNSTIERNE - BJÖRSON

le poëte, le penseur, le héros de l'émancipation de cette conscience qu'il faut éveiller à la fois et discipliner.

Edmond KELLY

cher et généreux ami que nous ne remplacerons pas. Avant de quitter Paris où il s'était créé par sa grande intelligence, son esprit, son savoir et son travail démesuré, une situation hors ligne, Kelly n'a jamais cessé de nous encourager, tout en s'inquiétant de l'étendue extrême de notre œuvre.

Bon juge et cœur tendre, il savait bien que cette œuvre dépasserait vite les limites de nos forces, mais il comprenait aussi qu'il fallait l'entreprendre et la mener le plus loin possible pour que d'autres la soutiennent ensuite. Il nous suivait de toute son affection éclairée, comprenant mieux que personne les difficultés de nos luttes entre l'indifférence des uns et la violence des autres.

Kelly a laissé du moins, après lui, à ses amis et à nous mêmes une approbation indépendante qui restera pour eux une force.

Le pauvre COLONNE

aussi a disparu, luttant jusqu'à la fin contre la sensibilité qui avait suscité son œuvre et dont il mourut. Cette œuvre fut grande. On ne sait pas ou on ne dit pas assez que les musiciens, et avec eux les vulgarisateurs de la musique, sont comme les aviateurs, comme les poètes, comme les artistes, comme les savants, au premier rang des pionniers de la Conciliation, entre les hommes et entre les peuples.

Que d'adieux encore il nous faudrait adresser à des amis qui ne sont plus, depuis les plus haut placés jusqu'aux plus modestes de nos compagnons de lutte de la Sarthe qui nous ont soutenu, jusqu'au jour où l'opinion elle-même s'est chargée de notre défense, en faisant de notre cause sa propre cause, celle de tout le monde civilisé.

LA FLÈCHE. — IMPRIMERIE CHARIER-BEULAY.

CONCILIATION INTERNATIONALE

Sommaire des Bulletins

publiés pendant l'année 1909 [1]

N° 1 -- JANVIER

L'Accord des deux Amériques, par M. Joachim Nabuco, Ambassadeur du Brésil à Washington. (Traduit de l'anglais par M. J. Rais).

—

Introduction de M. d'Estournelles de Constant.

Discours prononcé le 28 Août 1908, par M. Joachim Nabuco, devant l'Université de Chicago.

(32 pages).

(1) Collection en vente au dépôt de l'Imprimerie, chez M. CHARIER-BEULAY, à LA FLÈCHE (Sarthe), contre mandat de 15 fr. 50 par collection.

N° 2 — FÉVRIER

L'Allemagne et l'Arbitrage, par M. le Pr R. Eickhoff, Membre du Reichstag d'Allemagne.

—

Avant-propos : L'Arbitrage et les chances d'une guerre entre la France, l'Angleterre et l'Allemagne, par M. d'Estournelles de Constant.

Progrès quand même : L'arbitrage franco-allemand (avec 2 cercles, séances des 5 et 7 octobre 1907 à la deuxième Conférence de La Haye) ; Extrait du *Matin* du 23 novembre 1908).

Les progrès de l'arbitrage, par M. Richard Eickhoff.

Texte des accords franco-allemands relatifs : 1° aux déserteurs de Casablanca ; 2° à la situation générale du Maroc.

(38 pages).

*

N° 3 — MARS

Pour l'Aviation, par MM. d'Estournelles de Constant, P. Painlevé, le Ct Bouttieaux et divers Collaborateurs.

—

Préface de M. d'Estournelles de Constant.

L'action parlementaire et les manifestations en faveur de l'Aviation au Sénat : La journée de l'Aviation ; L'interpellation ; Réponse du Ministre des travaux publics ; Vote unanime du Sénat ; L'Avion d'Ader ; L'action parlementaire et la constitution des Groupes de l'Aviation au Sénat et à la Chambre ; Leurs programmes ; Un crédit de cent mille francs ; La promotion des Aviateurs ; Les conférences au Sénat ; Lettres de MM. de Freycinet et Léon Bourgeois ; Conférences de M. le Commandant Bouttieaux, de M. P. Painlevé et allocution de M. le Président du Sénat.

Diverses applications de l'Aviation : La science ; la guerre et la paix ; le tourisme.

Le premier Salon de l'Aéronautique.

Conclusion : *L'Organisation*, par M. P. Painlevé.

Appendice : La manifestation du 17 février à la Chambre des Députés : Allocutions de MM. H. Depasse et Brisson. — Liste des Membres du Groupe de la locomotion aérienne et du Groupe de l'Aviation à la Chambre et au Sénat. — Bibliographie.

Cet ouvrage est illustré de 40 gravures hors-texte, se divisant en trois catégories : 1° Ballons sphériques ; 2° Ballons dirigeables ; 3° Plus lourds que l'air.

(320 pages).

N° 4 — AVRIL

La Conciliation et le Système Métrique ; Dîner Foerster du 23 Mars 1909.

—

Le dîner annuel de la Conciliation.

Résumé d'une Conférence faite par M. Ch. E. Guillaume, Directeur-adjoint du Bureau International des Poids et Mesures, à l'Hôtel des Sociétés Savantes.

Dîner à l'hôtel du Palais d'Orsay sous la présidence de M. d'Estournelles de Constant : Discours de M. d'Estournelles de Constant ; Discours de M. Darboux ; Discours de M. F. Buisson ; Discours de M. le Pr W. Foerster.

(32 pages).

*

Ne 5 – MAI

L'Assemblée Générale du 24 Mars 1909 : Compte-rendu sténographique de la réunion.

—

Allocution de M. d'Estournelles de Constant.

Quelle est la meilleure forme de Bulletin ? — La Conciliation en Allemagne. — Les actes de la Conciliation. — L'Aviation. — La politique étrangère. — Les Intérêts Nationaux. — Nouveaux Membres d'honneur. — Le Comité exécutif élargi. — La situation financière. — M. Frédéric Passy à Berlin. — Nécrologie. — Etablissement des comptes. — Conférence navale de Londres. — L'échange international des enfants.

(78 pages).

*

Ne 6 -- JUIN

Le rapprochement Franco-Allemand condition de la paix du Monde : Conférence faite par M. d'Estournelles de Constant à la Chambre des Seigneurs, à Berlin, le 28 Avril 1909.

—

Introduction. — Conférence. — Vote d'une résolution.

Le banquet du Kaiserhof : Discours de M. le Dr Paasche, vice-président du Reichstag ; Réponse de M. d'Estournelles de Constant.

Réponses à certaines objections, par M. d'Estournelles de Constant. (Extrait de la *Revue*).

Sentence arbitrale dans l'affaire de Casablanca. (Texte officiel).

Ce bulletin est orné d'une illustration représentant une composition symbolique qui figurait sur le menu du banquet du Kaiserhof.

(72 pages).

*

N° 7 – JUILLET

La fausse route : Discours prononcé en faveur de la limitation des armements à la séance annuelle de la Société de la Paix de New-York, par M. Andrew Carnegie. (Traduit de l'anglais par M. Jules Rais).

—

Introduction. — Discours de M. Andrew Carnegie à New-York, le 21 Avril 1909.

Discours du Président N. Murray Butler à la Conférence de Lake-Mohonk, le 19 Mai 1909.

Discours de M. d'Estournelles de Constant au banquet de la Chambre de Commerce anglaise à Paris, le 29 mai 1909.

L'antagonisme Anglo-Allemand, par M. d'Estournelles de Constant. (Extrait de la *Revue* du 1er Juin).

Discours de Lord Esher, à Callander, sur la nécessité de la suprématie navale anglaise.

Une nouvelle proposition de limitation des armements au Reischtag.

(54 pages).

N° 8 — AOUT

La Diplomatie du Droit ;

Extraits du discours prononcé par M. Léon Bourgeois, ancien Président du Conseil, au 6e Congrès de la Paix par le Droit, tenu à Reims, le 1er juin 1909.

Réception de M. A. Carnegie à la Sorbonne (26 Mai 1909) ;

Allocution de M. Liard, président du Conseil de l'Université. — Réponse de M. Carnegie.

La Fondation Carnegie (Lettres et décrets constitutifs de cette Fondation).

(50 pages).

*

N° 9 — SEPTEMBRE

L'augmentation des Armements.

—

Introduction par M. d'Estournelles de Constant.

Le chemin de la paix sur les mers (Lettre de M. Carnegie au *Times*, 19 juin 1909).

Le lendemain de la manifestation de Berlin : L'antagonisme Anglo-Allemand ; Lettre de Kiel à M. le Directeur du *Temps*, par M. d'Estournelles de Constant.

Ce bulletin est orné d'une illustration représentant l'Empereur d'Allemagne écoutant de la musique française à bord d'un yacht français.

(40 pages).

N° 10 -- OCTOBRE

Les Parlementaires Russes et Ottomans en France.

—

Introduction par M. d'Estournelles de Constant.

Les Parlementaires Russes en France : Le banquet ; La journée de l'Aviation ; La bonne semence.

La Délégation du Parlement Ottoman en France : Le banquet de l'Association des Amis de l'Orient ; Le déjeuner du Groupe de l'Arbitrage ; Le déjeuner de la Ligue Franco-Ottomane.

Correspondance. — La Douma : Le Groupe de l'Arbitrage de la Douma ; Correspondance du Groupe Parlementaire français de l'Arbitrage avec la Douma.

Le Parlement Ottoman : Lettre de M. Joseph Reinach sur le Parlement Ottoman ; Correspondance du Groupe Parlementaire français de l'Arbitrage avec le Parlement Ottoman ; Les lettres de Mohammed Arslan.

Un appel à nos Collègues des Parlements Russe et Ottoman.

Programme et liste des Membres du Groupe de l'Arbitrage (avec carte géographique de la France et des circonscriptions représentées au Groupe pendant la législature 1906-1910). — Programme de la Conciliation Internationale.

Ce bulletin est illustré d'une gravure représentant Blériot volant en l'honneur des Parlementaires Russes et du Groupe Sénatorial de l'Aviation à Douai (9 juillet 1909).

(140 pages).

L'Aviation triomphante.

—

Avertissement, par M. d'Estournelles de Constant.

Le témoignage de l'Institut de France, par MM. Ch. Bouchard, P. Painlevé, E. Lavisse.

La traversée de la Manche en aéroplane, par MM. Blériot et P. Painlevé.

La Grande Semaine de Reims, par Paul Rousseau.

Les Deuils. — Nouveaux triomphes : Vues d'avenir.

Les progrès de l'Allemagne.

La manifestation du 10 Novembre au Sénat.

Conclusion : Le triomphe humain, par Pierre Mille.

Annexes : Liste des Membres du Groupe de l'Aviation au Sénat. — Liste des Membres du Groupe de la Locomotion aérienne à la Chambre des Députés.

Programme du Groupe Sénatorial de l'Aviation.

Programme du Comité de Défense des Intérêts Nationaux.

Programme de la Conciliation Internationale.

Extrait du programme du Groupe Parlementaire français de l'Arbitrage International.

Ce volume est illustré de 36 gravures hors texte.

(420 pages).

N° 12 -- DÉCEMBRE

Les Parlementaires Français en Scandinavie.

Introduction, par M. d'Estournelles de Constant.

Institutions politiques des trois pays Scandinaves, par M. Etienne Flandin.

LES PRÉPARATIFS ET LE DÉPART. — Texte officiel des invitations. — Programme et règlement du voyage. — Liste des Membres de la Délégation française.

EN DANEMARK : Réception à Gedser ; Arrivée à Copenhague ; Visite à l'Exposition française des Arts décoratifs ; Visite du château de Kronborg ; Dîner de la Municipalité ; Visite du château de Frederiksborg ; Réception par le Prince Royal au château d'Amalienborg ; Dîner du Parlement ; Représentation de Gala au théâtre Royal ; Départ de Copenhague pour la Suède.

EN SUÈDE : Arrivée à Malmo ; Visite à Svalof ; Arrivée à Stockholm ; Déjeuner de bienvenue au palais du Riksdag ; Excursion en ville ; Excursion sur le lac Maelaren ; Dîner offert à Hasselbacken par le Groupe Suédois de l'Union Interparlementaire ; Garden party au Palais Royal ; Départ pour Gripsholm ; Visite au château de Gripsholm ; Visite au château d'Ericsberg ; Départ pour Kristiania.

EN NORVÈGE : Arrivée à Moss, à Kristiania ; Dîner au pavillon de Dronningen ; Excursion à Sundvollen ; Banquet offert par le Storting Norvégien ; Visite du musée des Beaux-Arts ; Visite au pavillon de Frognersæteren ; Visite à l'Institut Nobel ; Hommage à M. Frédéric Passy ; Soirée musicale et souper au Palais Royal ;

Départ pour Bergen ; Arrivée à Bergen ; Déjeuner offert par la Municipalité ; Visite au pavillon de Floïen ; Retour à Kristiania ; Départ pour Copenhague.

Arrivée à Copenhague ; Départ pour la France.

Conclusion, par M. d'Estournelles de Constant.

Annexes : Texte des Conventions d'Arbitrage conclues entre le Danemark et la Hollande, entre la France et le Danemark ; Mémoire sur les Conseils de Tutelle en Suède. — Programme du Groupe de l'Arbitrage ; Programme de la Conciliation Internationale.

Ce volume contient également 44 gravures hors texte.

(444 pages).

"Pro Patria per orbis Concordiam"

PROGRAMME

de la

Conciliation Internationale

* * *

Le véritable patriotisme consiste à bien servir son pays. Il ne suffit pas d'être toujours prêt à le défendre; il faut aussi lui éviter les difficultés, les charges inutiles, et développer dans la paix ses forces, ses ressources, sa clientèle. Stimuler son activité intérieure à la faveur de ses bonnes relations extérieures, tel a été notre double programme, poursuivi sans esprit de parti depuis dix ans, par une éducation méthodique de l'opinion.

Dans cette entreprise qui sembla d'abord chimérique, nous avons été soutenus par des sympathies décisives dans toutes les classes, dans tous les pays, par les représentants éminents de la politique et de la science, par les Parlements, les Pouvoirs Publics, les Universités, les Conseils Généraux et Municipaux, les Chambres de

Commerce, les Associations de Travail, de Paix, de Progrès, en Europe et en Amérique, où il n'est pour ainsi dire pas un chef d'Etat qui ne se soit montré favorable à notre action.

Déjà des résultats sont acquis; les préjugés contre l'étranger disparaissent; les peuples découvrent qu'en face des transformations du progrès et des assauts de la concurrence universelle, ils ont tout à perdre en des antagonismes qui les épuisent, tout à gagner en s'associant, comme les individus, par des concessions mutuelles, dans une coopération qui fortifie leur indépendance et leur personnalité. Les bénéfices d'une évolution si nouvelle se chiffrent par millions, et par de nombreuses facilités dans la pratique des échanges. Commerçant, Agriculteur, Industriel, Artiste, Savant, Ouvrier, Patron, quiconque travaille en profite; chacun demande que ce changement devienne définitif. Telle est la seconde partie du problème qui reste à résoudre.

Le plus difficile est déjà fait. Ce n'est pas un entraînement sentimental qui a déterminé l'amélioration actuelle, c'est l'intérêt bien compris de chacun. Cette amélioration, il est vrai, n'a pas empêché de lamentables conflits; elle a seulement permis de les limiter. Le rapprochement Franco-Anglais a, peut-être, épargné au monde une guerre générale; et compterons-nous pour rien ces premiers traités d'arbitrage, instamment réclamés par nous et obtenus? Mais nous ne pouvons nous en tenir là; il faut prévoir les incidents, les retours en arrière et c'est pourquoi nous avons préparé notre organisation internationale. La voici dans ses grandes lignes :

1° Nous continuerons à poursuivre l'Education de l'opinion, comptant plus que jamais sur la collaboration des maîtres de l'Enseignement supérieur, secondaire, primaire et de tant d'institutions volontaires admirables, dont les représentants figurent parmi nos premiers adhérents. Nous échangerons entre les différents pays nos conférenciers pour propager les progrès, les découvertes, les innovations dont chacun et tous bénéficient.

2° Grâce à nos relations, nous serons en mesure de rectifier, le cas échéant, les informations inexactes ou tendancieuses propagées pour égarer l'opinion. Nos membres, renseignés et reliés entre eux, contribueront au maintien de la paix par leur influence sur l'opinion, sur la Presse, sur les Parlements et sur les Gouvernements eux-mêmes.

3° Nous multiplierons les relations entre Etrangers ; nous établirons le contact entre quantité d'individualités qui se cherchent mais qui s'ignorent et perdent dans l'isolement la plus grande partie de leur confiance et de leur force.

4° Nous continuerons à susciter des voyages, des visites internationales. Nous faciliterons les expéditions scientifiques.

5° Nous encouragerons la pratique des langues étrangères.

6° Nous continuerons à favoriser, en y ajoutant des garanties nouvelles, l'échange des enfants, des élèves, des professeurs, des ouvriers, des artistes, etc..., le placement des jeunes gens recommandables à l'étranger.

7° Un Bulletin périodique, en attendant une Revue Internationale dont la rédaction et la direction sont déjà prêtes, sera le complément naturel de ces différentes innovations et tiendra les adhérents au courant de l'activité générale du Comité.

8° Enfin, le moment venu, nous créerons, à Paris, pour commencer, ce qui manque à toutes les capitales, un foyer dont on peut prévoir les imposants développements et qui sera la Maison des Etrangers ; centre de réunions, de conférences, de congrès, d'auditions, d'expositions ; rendez-vous des initiatives du monde entier.

Ainsi notre Comité constituera, grâce à la seule initiative privée, le premier embryon de l'organisation nouvelle qui fait défaut au monde moderne, et sans laquelle le plus puissant, comme le plus faible des Etats ou des individus, n'est assuré d'aucun lendemain.

Si vous approuvez les vues qui précèdent et si vous jugez que les résultats déjà obtenus nous autorisent à en préparer de nouveaux, nous venons vous prier de vous joindre à nous.

D'ESTOURNELLES DE CONSTANT.

Paris, 29 Mars 1905.

UN RÉSULTAT DE LA CONFÉRENCE DE LA HAYE

Carte présentée par le Ministère des Affaires étrangères de France à l'Exposition de Londres (Mai-Octobre 1908)

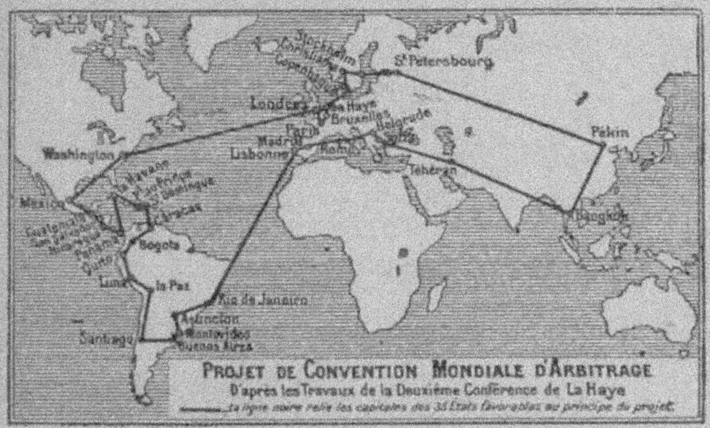

Edité par la CONCILIATION INTERNATIONALE, 78bis Avenue Henri-Martin, Paris

A la première Conférence de La Haye, en 1899, le principe de l'Arbitrage Obligatoire avait été posé mais écarté, faute d'une majorité pour le soutenir.

A la deuxième Conférence, en 1907, le même principe, posé de nouveau, est accepté cette fois par 35 Puissances sur 44 Puissances représentées.

Cette majorité, composée de toutes les Républiques Américaines et des États dont les capitales sont reliées entre elles sur cette carte, représente un milliard 285 millions d'habitants et constitue pour la première fois le bloc de la justice internationale et de la paix dans le Monde. La minorité composée de 5 opposants : l'Allemagne, l'Autriche-Hongrie, la Roumanie, la Grèce et la Turquie ; plus 4 abstentions : le Japon, la Suisse, le Monténégro et le Luxembourg, représente 222 millions d'habitants, soit un sixième de la majorité. — Encore les oppositions ou les abstentions ont-elles été motivées par des considérations d'opportunité et non *d'hostilité systématique*.

Il est donc vraisemblable que la troisième Conférence verra tous les États s'unir sans exception par un traité mondial d'arbitrage, comme ils le sont déjà par la convention postale universelle.

LA FLÈCHE. — IMPRIMERIE CHARIER-BEULAY.

LES EXPLORATIONS GÉOGRAPHIQUES ET L'AVIATION

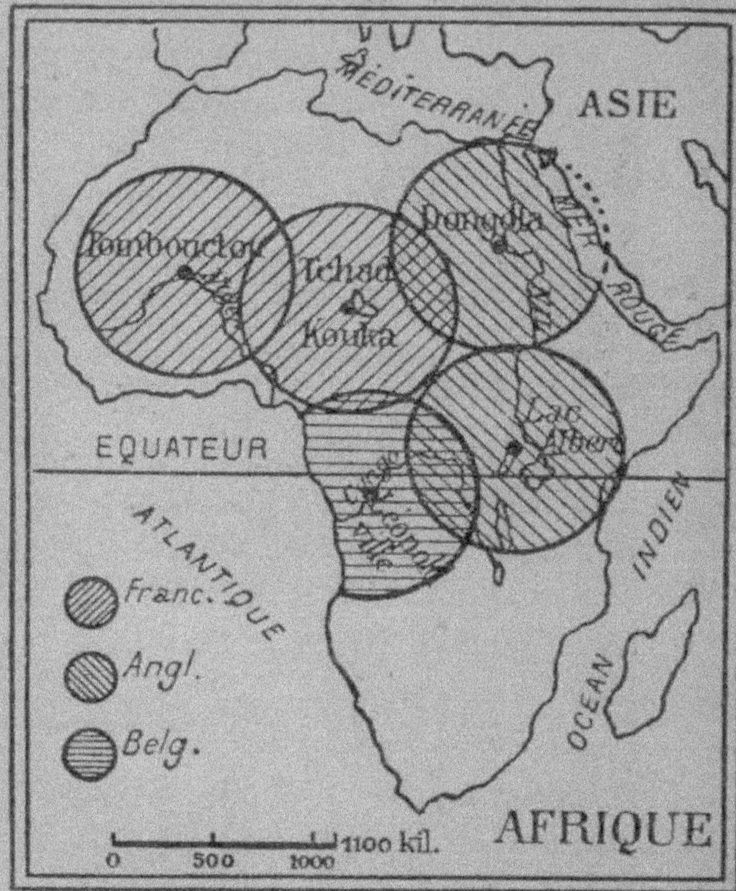

Cinq stations de dirigeables et d'aéroplanes, dans l'Afrique Centrale, assureraient, à peu de frais, l'exploration, la police, la poste, et par suite la mise en valeur d'un continent inconnu ; de même en Amérique, en Asie, en Australie, dans les régions polaires, sans parler de bien des régions européennes.

Une organisation internatiocale pour l'exploration aérienne des terres et des mers dont la carte reste à dresser ferait gagner des années à notre civilisation.

Edité par la Conciliation Internationale 1910. (Extrait de « La Route de l'Air », de A. Berget)

LA FLÈCHE. — IMPRIMERIE CHARIER-BEULAY.

DERNIÈRES PUBLICATIONS DE LA CONCILIATION :

POUR L'ARBITRAGE
PAR M. ANDREW CARNEGIE

LA DEUXIÈME CONFÉRENCE DE LA HAYE
DISCOURS PRONONCÉS A LA SÉANCE DE RENTRÉE
DU GROUPE PARLEMENTAIRE FRANÇAIS DE L'ARBITRAGE, 14 NOVEMBRE 1907.

L'ENTENTE CORDIALE FRANCO-AMÉRICAINE
(LA RÉCEPTION DU 11 JUILLET 1908)

LA SANCTION DU DROIT INTERNATIONAL
PAR M. ELIHU ROOT

NOS BULLETINS
JANVIER, MAI, JUILLET, OCTOBRE 1908. (Avec illustrations et graphiques).

L'ACCORD DES DEUX AMÉRIQUES
PAR M. J. NABUCO (Janvier 1909)

L'ALLEMAGNE ET L'ARBITRAGE
PAR M. LE Pr EICKHOFF, MEMBRE DU REICHSTAG (Février 1909)

POUR L'AVIATION
UN VOLUME IN-18 ILLUSTRÉ (Mars 1909)

LA CONCILIATION & LE SYSTÈME MÉTRIQUE
LE DINER FŒRSTER DU 23 MARS 1909 (Avril 1909)

L'ASSEMBLÉE GÉNÉRALE
DU 24 MARS 1909 (Mai 1909)

LE RAPPROCHEMENT FRANCO-ALLEMAND
CONFÉRENCE DE M. D'ESTOURNELLES DE CONSTANT A BERLIN. (Juin 1909)

LA FAUSSE ROUTE
PAR M. ANDREW CARNEGIE (Juillet 1909)

LA DIPLOMATIE DU DROIT (DISCOURS DE M. L. BOURGEOIS).
M. A. CARNEGIE A LA SORBONNE – LA FONDATION CARNEGIE (Août 1909)

L'AUGMENTATION DES ARMEMENTS
PAR M. A. CARNEGIE & M. D'ESTOURNELLES DE CONSTANT. (Septembre 1909)

LES PARLEMENTAIRES RUSSES & OTTOMANS EN FRANCE (Octobre 1909).

L'AVIATION TRIOMPHANTE
UN VOLUME IN-18 ILLUSTRÉ (Novembre 1909).

LA VISITE AUX TROIS PARLEMENTS SCANDINAVES (Décembre 1909).

Collection de la Conciliation Internationale

1. NOTICE BIOGRAPHIQUE.
2. LE PÉRIL PROCHAIN. L'EUROPE ET SES RIVAUX.
3. CONCURRENCE ET CHOMAGE.
4. LE PÉRIL JAUNE.
5. CONTRE LA REPRÉSENTATION COLONIALE.
6. CONTRE LA PORNOGRAPHIE.
7. POUR L'AGRICULTURE.
8. POUR LES TRANSPORTS.
9. POUR LA LOIRE NAVIGABLE.
10. LETTRES DE LA HAYE.
11. LES RÉSULTATS DE LA CONFÉRENCE DE LA HAYE.
12. LES INTÉRÊTS NATIONAUX.
13. L'ALSACE-LORRAINE.
14. LE TRANSVAAL ET L'EUROPE DIVISÉE.
15. VERS LA FÉDÉRATION EUROPÉENNE.
16. PROGRAMME DU GROUPE DE L'ARBITRAGE.
17. DISCOURS DE BUDA-PESTH.
18. DISCOURS DE CHICAGO.
19. DISCOURS DE LONDRES.
20. LETTRES D'AMÉRIQUE.
21. LE RAPPROCHEMENT FRANCO-ANGLAIS
22. LE MOUVEMENT PACIFIQUE.
23. ÊTRE UTILE.
24. LA CONCILIATION INTERNATIONALE.
25. LA RÉCEPTION DES SCANDINAVES.
26. L'ORGANISATION DE LA PAIX (*) (Discours et articles) (*)
27. LA POLITIQUE DES TEMPS NOUVEAUX (*)
28. LE MENSONGE DU PACIFISME.
29. POUR LA LIMITATION DES DÉPENSES NAVALES.
30. LA FRANCE POURRAIT-ELLE S'ENTENDRE AVEC L'ALLEMAGNE.
31. LES DEUX POLITIQUES.
32. LE PROBLÈME DE LA PAIX.
33. POUR L'ARBITRAGE. (Traduit et publié en 12 langues).
34. LES CONFÉRENCES CONSULAIRES.
35. LIMITATION DES ARMEMENTS. (Londres Juillet 1906)
36. L'ENTENTE CORDIALE EST UN COMMENCEMENT
37. LE DISCOURS DE PITTSBURGH.
38. LES DEUX CONFÉRENCES DE LA HAYE. (*
39. LA SANCTION DU DROIT INTERNATIONAL, par M. E. ROOT
40. L'ENTENTE CORDIALE FRANCO-AMÉRICAINE.
41. LA VISITE DE LONDRES (20-23 Juillet 1906)
42. NOS QUATRE BULLETINS TRIMESTRIELS DE 1908.
43. POUR L'AVIATION. (Mars 1909).
44. NOS DOUZE BULLETINS MENSUELS DE 1909.

Les publications marquées d'une (*) sont en préparation. Les numéros 2 à 15, les numéros 17, 18, 20, 30, sont épuisés. (Les numéros 29, 33, 34, 35, 37, 39 sont en plusieurs langues)

LA FLECHE. — IMPRIMERIE CHARIER-BEULAY.

www.ingramcontent.com/pod-product-compliance
Ingram Content Group UK Ltd.
Pitfield, Milton Keynes, MK11 3LW, UK
UKHW022135260726
13993UKWH00003B/1464

9 782329 236803